글·그림 짐 벤튼

짐 벤튼은 미국에서 살고 있는 작가이자 만화가이면서 두 아이의 아버지입니다. 짐 벤튼의 독특하고 익살스런 그림들은 텔레비전이나 장난감, 티셔츠, 축하 카드뿐만 아니라 속옷에도 등장할 만큼 인기가 많답니다. 《엽기 과학자 프래니》는 짐 벤튼이 어린이들을 위해 펴낸 첫 책으로, 많은 어린이들에게 사랑받고 있습니다. 지금도 짐 벤튼이 일하는 작업실 안에는 흥미진진하고 재미있는 많은 자료들이 어린이들을 위해 준비되어 있습니다.

옮김 박수현

박수현은 중앙대학교 영어영문학과를 졸업한 뒤, 어린이책을 창작하고 기획하고 번역하는 데 즐겁게 몰두하고 있습니다. 현재 창작 집단 '바리'에서 활동하고 있습니다. 지은 책으로 《바람을 따라갔어요》, 《단군은 외계인이었을까?》가 있으며, 옮긴 책으로 《물통에 웅덩이를 담아 왔어요》, 《티모시 할아버지는 모으기를 좋아해요》 등이 있고, 엮은 책으로 《백지 위의 검은 것》, 《시간을 담는 그릇》, 《책상 위의 태양》 등이 있습니다.

FRANNY K. STEIN, MAD SCIENTIST #7: THE FRANDIDATE by Jim Benton
Copyright ⓒ 2008 by Jim Benton
All rights reserved. No part of this book may be reproduced or transmitted in any form or by any means, electronic or mechanical, including photocopying, recording or by any information storage and retrieval system, without permission in writing from the Publisher.
Korean language copyright ⓒ 2019 by E*PUBLIC Ltd.
This Korean edition was published by arrangement with Simon & Schuster Books for Young Readers, an imprint of Simon & Schuster Children's Publishing Division, New York, New York through KCC(Korea Copyright Center Inc.), Seoul.

이 책의 한국어판 저작권은 (주)한국저작권센터(KCC)를 통한 저작권자와의 독점 계약으로 (주)이퍼블릭(사파리)에 있습니다. 신 저작권법에 의해 한국 내에서 보호를 받는 저작물이므로 무단 전재와 복제를 금합니다.

엽기 과학자

프래니

반장 선거에 나간 프래니

사파리

초판 1쇄 발행일 2008년 11월 1일
개정 2판 1쇄 발행일 2022년 8월 1일
개정 2판 4쇄 발행일 2024년 9월 5일

글·그림 짐 벤튼 | 옮김 박수현
펴낸이 유성권 | 편집장 심윤희 | 편집 유옥진, 한지희, 김유림
표지 디자인 황금박g | 본문 디자인 정수연, 이수빈
마케팅 김선우, 강성, 최성환, 박혜민, 심예찬, 김현지 | 홍보 김애정, 임태호
제작 장재균 | 관리 김성훈, 강동훈
펴낸곳 (주)이퍼블릭 | 출판등록 1970년 7월 28일(제1-170호)
주소 서울시 양천구 목동서로 211 범문빌딩
전화 02-2651-6121 | 팩스 02-2651-6136
홈페이지 safaribook.co.kr | 카페 cafe.naver.com/safaribook
블로그 blog.naver.com/safaribooks | 포스트 post.naver.com/safaribooks
인스타그램 @safaribook_ | 페이스북 www.facebook.com/safaribookskr

ISBN 979-11-6637-868-3
　　　 979-11-6637-780-8(세트)

* 책값은 뒤표지에 있습니다.
* 이 책의 내용 일부 또는 전부를 재사용하려면 반드시 저작권자와 (주)이퍼블릭 양측의 동의를 얻어야 합니다.
* 사파리는 (주)이퍼블릭의 유아·아동·청소년 출판 브랜드입니다.

KC마크는 이 제품이 공통안전기준에 적합하였음을 의미합니다.
제조자명 : ㈜이퍼블릭(사파리) 제조국명 : 대한민국 사용 연령 : 8세 이상
종이에 베이거나 모서리에 다치지 않게 주의하세요.

아주 특별한 생각과 취미를 가진
귀여운 과학 소녀 프래니를 소개합니다.

차 례

1. 엽기 과학자 프래니의 집 ················ 9
2. 구멍 뚫린 의자 ······················ 19
3. 슬슬 시작해 볼까 ···················· 28
4. 이렇게 좋은 생각을 아무도 몰라주다니 ···· 36
5. 너희들이 바라는 걸 다 들어주지 ········· 43
6. 걸음아, 날 살려라 ···················· 47
7. 꿰매 보자, 꿰매 보자 ················· 53
8. 알쏭달쏭한 녀석을 만들어 보자 ··········· 59

9. 위풍당당 프래니 · 71

10. 내친김에 더 나아가 볼까 · · · · · · · · · · · · · · · · · 80

11. 본다, 본다, 너를 본다 · · · · · · · · · · · · · · · · · · 85

12. 가만히 누워서 천 리를 본다네 · · · · · · · · · · · 93

13. 세상의 왕이 될 거야 · · · · · · · · · · · · · · · · · · · 100

14. 어서 나를 구해 줘! · · · · · · · · · · · · · · · · · · · 105

15. 정치가 적성에 안 맞았을 뿐이야 · · · · · · · · · 118

추천의 말 · 126
옮긴이의 말 · 128

엽기 과학자 프래니의 집

프래니네 식구들은 수선화 길 끝에 자리한 집에서 살았어요. 창문마다 귀여운 자줏빛 덧문들이 달린 예쁜 분홍색 집이죠. 집 안은 구석구석 밝고 산뜻했어요. 조그맣고 둥근 창이 나 있는 위층 침실 한 곳만 빼고 말이에요.

둥근 창문 너머는 프래니의 방이었어요. 그러니까 엽기 과학자의 연구실을 겸한 방이지요.

프래니는 평범한 엽기 과학자가 아니었어요. 프래니는 우주나 은하계, 또는 지구를 손아귀에 틀어쥐고 지배할 계획 따위는 꾸미지 않는답니다.

 언젠가 온 세상을 차지할 엽기 과학자가 되어야겠다고 생각해 본 적이 있기는 했지요. 하지만, 어쩐지 그건 옳지 않은 일 같았어요.

물론 무척 마음이 끌리는 일임에는 틀림없었어요. 프래니는 맡겨만 준다면, 타고난 재능을 써서 온갖 엄청난 일을 해낼 자신이 있었답니다. 비록 지금은 사람들이 못 하게 하는 일이지만 말이에요.

 이를테면, 캥거루 디엔에이(DNA)를 인간 세포에 결합시키는 거예요. 그렇게 하면 자동차는 없어도 되겠지요.

　그리고 온 세상 부엌을 전자레인지 **뚝딱**으로 만드는 것도 생각해 보았어요. 그럼 누구든지 단추만 누르면 무슨 음식이든 단숨에 뚝딱하고 만들어 낼 수 있을 테니까요.
　자외선 차단제를 태양을 향해 직접 쏘아 올리는 계획도 있었어요. 그러면 사람들이 날마다 자외선 차단제를 바를 필요가 없어지잖아요.

게다가 프래니는 온 세상을 차지하기로 마음만 먹는다면, 말릴 사람이 아무도 없다는 걸 알고 있었답니다.
침팬지 **알약**을 써서 사람들을 모두 원숭이로 변하게 만들면 바나나 몇 개로 누구든 쉽사리 조종할 수 있을 테니까요.

엉빵 프래니 광선을 쏘아서 사람들 엉덩이를 크게 부풀려 버리는 방법도 있어요. 그러면 프래니가 무슨 짓을 해도 모두 의자에 갇혀서 꼼짝달싹도 못 하겠지요.

더 간단한 방법으로는 누구든 파이로 만들어 버리는 방법도 있지요. 프래니는 종종 사람들을 파이로 바꿔 버리는 기계를 발명하면 어떨까 하는 생각을 했거든요.

파이로 바꾸는 기계를 만들면 연구실 조수 이고르가 무척 좋아할 것 같았어요. 프래니가 무엇을 발명할 때면 늘 이고르가 끼어들었으니까요.

 이고르는 프래니 연구실의 훌륭한 조수지만, 순종은 아니었어요. 푸들, 치와와, 비글, 스패니얼, 셰퍼드종이 조금씩 섞인 데다가 개와 비슷한 다른 동물의 피도 조금 섞인 녀석이거든요.

어쨌거나 이고르는 파이를 정말로 좋아하고, 제아무리 엽기 과학자라고 해도 프래니는 온 세상을 손아귀에 틀어쥐고 싶어 하는 아이는 아니었답니다. 우격다짐으로 그렇게 하는 것은 그릇된 일이니까요.

구멍 뚫린 의자

프래니는 학교에 갈 준비를 하고 있었어요. 그런데, 이고르가 어디에 있는지 코빼기도 보이지 않았어요.

등교 준비를 할 때 이고르가 도와줄 일은 정말이지 아무것도 없답니다. 그렇지만 도대체 녀석이 무슨 짓을 하는지 알아보는 게 좋을 것 같았어요.

한쪽 구석을 힐끗 살펴보았더니, 이고르는 자기가 가장 좋아하는 텔레비전 프로그램을 보고 있었어요.
동글이 아줌마의 이야기 시간이라는 방송이었지요.
프래니가 소리쳤어요.
"이고르! 너 지금 뭐 하는 거야? 내가 이 방송 싫어한다는 거 알잖아. 너도 나처럼 이 방송을 싫어하면 훨씬 더 행복해질 텐데!"
프래니는 리모컨을 움켜쥐고 텔레비전을 겨누었어요.

그 순간 이고르가 펄쩍 뛰어오르더니 프래니의 팔을 붙잡고 늘어졌어요. 그러고는 텔레비전을 겨누지 못하게 하려고 몸부림쳤어요.

"이거 놔!"

프래니는 소리치며 리모컨을 두고 이고르와 드잡이를 벌였어요. 그러다가 그만 리모컨 단추를 꾹 눌렀답니다.

리모컨이 시뻘겋고 뜨거운 광선을 내뿜는가 싶더니, 자욱한 연기와 함께 의자와 의자 뒤에 있는 벽에 커다란 구멍을 뚫어 놓았지 뭐예요.

 둘은 잠시 연기가 피어오르는 의자를 멍하니 바라보았어요.

 "이거 텔레비전 리모컨이 아니었구나?"

 프래니가 조용히 물었어요.

 이고르는 고개를 살래살래 저었어요.

 "이런 건 의자에 두면 안 되는 물건인데…"

"내 의자!"

엄마가 방 안으로 뛰어들며 소리쳤어요.

"어디에나 잘 어울려서 아끼는 의자였는데…. 이런 의자를 찾는 게 얼마나 힘든지 알기나 해?"

엄마는 화난 얼굴로 프래니와 이고르를 보았어요.

"누구 짓이니?"

똑똑한 프래니는 머릿속으로 모든 게 이고르의 잘못이라고 일러바칠 계획을 착착 짜고 있었어요.

이고르는 보나마나 자기가 야단맞을 걸 알았기 때문에 눈을 감고 기도하고 있었지요.

엄마는 잠자코 서서 프래니를 바라보았어요. 프래니는 모든 잘못을 이고르에게 덮어씌우려고 입을 여는 순간, 엄마의 크고 정직한 눈을 보았어요. 도저히 말이 나오지 않았어요. 프래니는 엄마가 바라는 게 무엇인지 알고 있었답니다.

"엄마, 다 제 잘못이에요."
프래니는 순순히 털어놓았어요.
"프래니, 사실대로 말해 줘서 고맙구나. 엄마가 바라는 건 사실을 말해 주는 거였어. 의자는 다시 고쳐야겠지만, 사실대로 말했으니 벌은 주지 않을 거야."

 엄마는 프래니의 손에서 광선 발사기를 빼앗아 벽장에 넣었어요.
 "그리고 이런 위험한 물건을 아무 데나 두면 안 되는 거야! 알았니?"
 프래니는 고개를 끄덕였어요.
 "이제 가방 챙겨서 학교에 가거라."

슬슬 시작해 볼까

셀리 선생님은 지금까지 만난 선생님 가운데 프래니가 가장 좋아하는 분이었어요.

앞서 만난 선생님들은 도무지 프래니를 이해하지 못했답니다. 프래니가 교실에 들어서기만 하면 비명을 지르며 도망치는 선생님한테 무엇을 배운다는 건 무척 힘든 일이었지요.

 그런데 셀리 선생님은 프래니를 무서워하지 않았을 뿐만 아니라, 재미있는 것도 많이 가르쳐 주었어요.
 프래니는 오늘의 주제를 칠판에 쓰고 있는 셀리 선생님을 뚫어지게 쳐다보았어요.

그 순간 프래니는 눈이 번쩍 뜨였답니다. 그리고 마음이 들떠서 하마터면 소리를 지를 뻔했지요. 셀리 선생님이 쓴 글씨가 '발명'으로 보였기 때문이에요.

발명은 화학, 원자력, 뇌 제거술과 함께 프래니가 가장 좋아하는 주제 가운데 하나였으니까요.

 그렇지만 셀리 선생님이 다 쓴 뒤에 보니, '반장 선거'라고 쓰여 있지 뭐예요. 발명과 비교하자면 사뭇 지루하기 짝이 없는 내용이었지요.

"선거는 여러 사람을 대표하고, 단결시키고, 필요에 따라서는 앞장서서 이끌어 갈 사람을 투표로 뽑는 일이에요."
셀리 선생님이 자세하게 설명했어요.
"여러분은 우리 반 반장을 선거로 직접 뽑을 거예요."

프래니는 살짝 흥미가 당겼어요.

"반장은 아이들한테 일을 시키고, 아이들이 말을 잘 듣지 않으면 벌을 줄 수도 있나요?"

프래니는 학교 지하에 말 안 듣는 아이들을 가두고 벌주는 감옥을 세울 궁리를 하면서, 재빨리 공책에 그림으로 그려 보았어요.

"글쎄, 반장이 벌을 주는 건 안 될 것 같구나. 하지만 친구들과 함께 지킬 규칙을 정할 수는 있을 거야. 친구들이 존경할 만한 사람이 된다면 친구들한테 할 일을 일러 줄 수도 있겠지."

셀리 선생님이 말했어요.

프래니는 씩 웃었어요. 반장이 되는 것도 그다지 지루하지는 않을 것 같았답니다.

셀리 선생님이 덧붙여 설명했어요.

"반장으로 뽑고 싶은 친구를 여러분이 직접 결정해 보도록 해요. 선거에 나서는 사람을 후보라고 불러요. 반장 후보가 되고 싶은 사람은 후보로 나온 이유를 모두에게 들려줘야 해요. 이번 주 내내 잘 살펴서 우리 반 반장을 뽑도록 합시다. 그 가운데 가장 훌륭한 친구가 승리하겠죠."

프래니는 혼자서 씩 웃음을 지었어요. 아무래도 가장 훌륭한 자기가 승리할 것 같았거든요.

이렇게 좋은 생각을 아무도 몰라주다니

반장이 될 생각을 하니 프래니는 기분이 좋았어요. 반장도 지배자나 점령자와 비슷한 것 같았지만, 투표로 뽑힌다면 얘기가 달랐지요. 억지로 빼앗은 자리가 아니라 사람들이 스스로 내준 자리니까요.

이튿날 프래니는 저녁 내내 궁리해 둔 생각을 그림으로 그려 학교에 갔어요.

 워낙 반짝반짝 빛나는 생각이니까 아이들이 듣자마자 그 자리에서 프래니를 반장으로 뽑아 줄 거라고 철석같이 믿었답니다.

날마다
건강한
점～심을
먹게 해 주는
로봇

틀린 답을 쓰면
폭발해 버리는 분필

 분필이 아주 멋지게 폭발할 거라는 부분을 설명할 즈음, 프래니는 아이들이 자기를 반장으로 뽑아 주지 않을 거라는 걸 알아차렸어요.
 친구들은 박수를 치지도 않았고 웃지도 않았어요. 게다가 한동안 바지에 오줌을 지리지 않는다 싶던 아이가 다시 몸을 배배 뒤틀지 뭐예요.

프래니에 이어 퍼시가 운동장에 새 놀이 기구를 들여놓자는 말을 하는 순간, 프래니는 깜짝 놀랐어요. 세 아이가 기뻐서 소리를 질렀거든요.

그리고 알렉산드라가 숙제를 줄여 보자고 했더니 다섯 아이가 박수를 쳐 댔어요.

　퍼시랑 알렉산드라는 아이들의 마음을 사로잡으려면 무슨 말을 해야 하는지 잘 아는 것 같았답니다.
　프래니는 이번 선거에서 이기려면 무엇보다 반 아이들이 바라는 걸 들어줘야 한다고 깨달았어요. 멋진 그림 몇 장으로는 부족한 일이었지요.

너희들이 바라는 걸 다 들어주지

프래니는 반 친구들이 좋아할 만한 것들을 모아서 하나로 만들 준비를 시작했어요.

"여자애들은 새끼 고양이를 좋아해. 그리고 남자애들은 축구를 좋아하지."

"사탕은 모두들 좋아할 거고."

프래니가 중얼거리는 소리를 듣고 이고르가 달려가서 커다란 사탕 봉지를 두 개나 들고 왔어요.

"그리고 어릿광대도 좋아할 거야. 이고르, 애들은 어릿광대를 좋아하지?"

프래니가 이고르에게 물었어요. 이고르는 어깨만 으쓱해 보였어요.

프래니는 그것들을 몽땅 원자력 결합기 안에 던져 넣었어요. 알다시피, 최고의 엽기 과학자라면 그런 기계쯤은 한 대씩 갖고 있거든요.
"그리고 강아지, 크레용, 풍선, 케이크도 있어야 해."
프래니가 명령하자, 이고르가 차례차례 건네주었어요.

프래니가 씩 웃으며 중얼거렸어요.

"이제 이것들을 원자력으로 결합한 다음, 반 아이들한테 보여 주는 일만 남았군."

프래니가 단추를 누르자 방 안에 향기가 가득 퍼졌어요. 새끼 고양이 분자와 어릿광대 원자가 섞인 향기였지요.

걸음아, 날 살려라

프래니는 교실 앞에 서서 반 아이들에게 자랑스럽게 말했어요.

"반장 선거에 출마한 프래니입니다. 제가 이번 선거에서 내건 두 번째 공약을 발표하겠습니다."

프래니는 이고르가 붙잡고 있던 거대한 덮개를 벗겨 냈어요.

"저를 반장으로 뽑아 주시면 여러분에게 이걸 드리겠습니다!"

 프래니가 보여 준 괴물은 어릿광대와 비슷한 모습이었지만, 새끼 고양이 같은 얼굴에 두 눈은 축구공 모양이고 두 귀에서는 케이크가 흘러나왔어요.

 "여러분의 앞날을 내다보세요!"

 프래니는 의기양양하게 소리쳤지만, 아이들은 비명을 지르느라 프래니의 목소리는 아예 듣지도 못했어요. 게다가 숨이 막히는지 어릿광대 괴물이 캑캑대다가 강아지를 토해 냈지 뭐예요.

프래니네 반 아이들은 교무실로 우르르 도망쳤어요.

이고르는 끔찍한 괴물을 교실 밖으로 끌고 나갔어요. 그러다가 잠깐 멈춰 시드니 귀에서 흘러나오는 케이크를 핥아 먹었답니다.

"선생님, 죄송해요. 하지만 아이들이 좋아하는 걸 골고루 섞어서 만들었는데 왜 무서워하는지 모르겠어요."

프래니가 머리를 갸우뚱거리며 말했어요.

"프래니, 아무래도 반 아이들이 좋아할 만한 것을 모두 뭉뚱그릴 게 아니라, 아이들 한 명 한 명이 좋아하는 게 뭔지 생각해 봐야 할 것 같구나. 선거에 참여할 아이들이 각자 관심을 가지는 문제가 무엇인지 말이야."
셀리 선생님이 말했어요.

프래니는 어릿광대 괴물이 토해 낸 강아지 몸에 묻은 찐득찐득한 액체를 닦으며 말했어요.

"빈 이이들 하나하나가 바리는 게 뭔지 친부 이는 후보가 되어야 한다는 말씀이세요? 그건 불가능한 일인 것 같아요."

"그럴지도 모르지. 하지만 프래니, 친구들이 너를 가장 훌륭한 후보라고 여겨야 반장으로 뽑아 줄 거야."

꿰매 보자, 꿰매 보자

프래니는 연구실로 들어갔어요. 이고르가 프래니를 힐끗 보더니 **송곳니 인형**을 가져다주었어요. 박제한 박쥐 인형이었죠. 프래니는 살짝 웃음을 지었어요. 꼭 집어 말하지 않아도 이고르는 늘 프래니가 무엇을 바라는지 잘 알았답니다. 프래니는 개들이 사람 마음을 잘 알아챈다고 생각했어요.

프래니는 의자에 앉으려다가 꽥 소리를 지르며 펄쩍 뛰어올랐어요. 글쎄, 카멜레온을 깔고 앉았던 거예요.

'얘가 여기 있는 줄 감쪽같이 몰랐잖아! 얘는 도대체 어떻게 제 마음대로 색깔을 바꾸는 거야?'

프래니는 혼잣말을 했어요. 그러고는 다시 의자에 앉아 **송곳니 인형**을 꼭 껴안고 생각에 잠겼어요.

'꽥!'

앵무새 녀석이 프래니가 내지른 소리를 감쪽같이 흉내 내며 조용한 시간을 방해했어요.

프래니는 누가 자기 목소리를 흉내 내는 걸 싫어했지만, 가끔 온갖 소리를 똑같이 흉내 내는 앵무새를 보면 감탄이 절로 나왔어요.

"재주가 정말 좋단 말이야."

"그래, 바로 그거야!"

갑자기 **송곳니 인형**을 내던지며, 프래니가 벌떡 일어섰어요. 그 소리를 듣고 이고르가 말리려고 달려왔어요. 환호성을 질러 대는 엽기 과학자는 자칫하면 나쁜 사람이 될 수 있거든요.

"사람들이 바라는 게 뭔지 알고, 보고 싶은 대로 보여 주고, 원하면 무슨 소리든 낼 수 있으면 돼. 바로 그거 였어. 그 모든 게 바로 이 연구실 안에 있다고!"

프래니는 얼른 온갖 기계 장치를 작동시켰어요. 엽기 과학자 프래니의 머리가 번뜩이며 쌩쌩 돌아갔지요.

"이고르, 가서 재봉틀을 가져와!"

알쏭달쏭한 녀석을 만들어 보자

프래니는 잡종 개 이고르와 앵무새, 카멜레온의 디엔에이(DNA)를 뽑아냈어요. 그리고 새로 성능을 높인 원자력 결합기 안에 집어넣었죠.

세 동물들은 저마다 느낌과 흉내 그리고 모습을 바꾸는 탁월한 능력을 지니고 있었어요. 모두 프래니가 바라는 능력이었죠.

    확실한 발명품을 만들어야 했기 때문에, 프래니는 코브라의 껍질도 조금 섞었어요. 먹잇감에게 최면을 거는 코브라의 능력이 필요했거든요.

    그리고 거미의 털도 조금 섞었답니다. 먹이를 거미줄로 꾀어 들이는 능력 때문이었어요.

신경 조직은 강철로 만들었어요. 그래야 많은 사람들 앞에서 연설을 해도 떨리지 않을 테니까요. 매운 후춧가루도 한 움큼 집어넣었어요. 발명품의 마음속에 열정을 심어 주기 위해서였죠.

"마음속에 열정을 심어 주면 승리를 위해서 절대로 물러서지 않을 거야."

프래니가 이고르에게 설명했어요.

　프래니는 비단뱀 껍질 조금이랑 양탄자 조각도 넣어 섞었답니다.
　프래니가 씩 웃으며 말했어요.
　"비단뱀은 각각 다른 의견의 요점을 확실하게 파악하는 힘을 줄 거야. 그리고 양탄자는 사람들이 모여 서 있는 자리에서 전문가로 활동하는 힘을 주겠지."

프래니가 스위치 몇 개를 작동시키자 전류가 딱딱 소리를 내기 시작했어요. 그리고 커다란 손잡이를 밀었더니, 철제 압축기기 돌아가면서 이상한 천이 흐물흐물거리며 바닥으로 풀려 나왔어요.

 널따란 회색 침대보 같은 천이었는데, 살갗처럼 부드럽고 따뜻했어요. 프래니가 천을 만지자 꿈틀꿈틀 씰룩씰룩 움직였어요.
 "얘는 간지럼을 잘 타나 봐."
 프래니가 말했어요. 그러고는 침대보 모양의 천을 재봉틀 쪽으로 질질 끌고 갔어요.

이고르는 바늘꽂이를 든 채 프래니가 몇 시간 동안 천을 자르고 재봉질하는 모습을 곁에서 지켜보았어요.

 새봉실을 세속해 나가는 사이, 선은 프래니가 늘겨 만드는 괴물과 비슷한 모양으로 바뀌어 갔어요. 다만 이번 발명품은 내장과 척추 같은 건 아예 없고, 뇌도 아주 조그만 녀석이었죠.

마침내 발명품이 완성됐어요.

"이고르, 조금만 기다리면 이게 뭔지 알게 될 거야."

드디어 이고르의 눈에 완성된 발명품이 들어왔어요.

진짜 괴물은 아니었어요. 그건 옷 같기도 하고, 살갗 같기도 하고, 짐승 가죽 같기도 했답니다.

프래니가 그걸 주섬주섬 챙겨 입기 시작했어요.

그 속으로 들어간 프래니는 키도 커 보이고, 팔도 길어 보였어요.

프래니는 머리 덮개까지 뒤집어쓴 다음, 이고르 옆에 서서 헐렁헐렁하고 괴상한 옷맵시를 선보였어요.

"어때?"

프래니가 말했어요. 가죽 안에서 들려오는 목소리는 굵고 거칠었어요.

이고르가 뭐라고 대답하기도 전에 가죽은 모습을 바꾸기 시작했어요.

이고르가 겁을 내며 싫어하는 눈치를 보이자 가죽은 재빨리 **동글이 아줌마**로 모습을 바꾸었어요. 이고르가 가장 좋아하는 프로그램을 진행하는 아줌마였지요.

이고르는 어리둥절했답니다. 마음 한구석으로 가죽 안에 프래니가 있다는 걸 알고 있었지만, 또 다른 한구석으로는 정말로 동글이 아줌마가 자기를 찾아온 것이라고 믿고 싶었어요.

"성공이야!"

프래니가 소리쳤어요. 목소리도 동글이 아줌마와 똑같았어요.

"얘는 사람들이 생각하고 느끼고 보고 싶어 하는 인물이 누구인지 정확하게 알아차릴 수 있어. 정말이지 완벽한 후보로군. 난 **프래니 후보**를 만들어 낸 거야!"

위풍당당 프래니

프래니는 자신만만하게 교실로 들어섰어요. 가죽 발명품을 입은 채로 말이에요. **프래니 후보**는 프래니가 바라는 모습이 어떤 건지 잘 알고 있었죠. 프래니랑 많이 닮았지만 키는 좀 더 크고, 엽기 과학자 같은 기색은 살짝 감춰진 모습이었어요.

프래니는 수업을 시작하기 전에 교실을 한 바퀴 돌며 아이들을 하나하나 만나서 얘기해 보기로 했어요.
　메리를 보자, **프래니 후보**는 메리가 프래니를 조금 무서워한다는 걸 금세 알아차렸어요. 그래서 원피스를 입은 토끼 모습으로 변신했답니다. 메리가 펭귄을 좋아한다는 것도 알아내서, 재빨리 원피스 위에 펭귄 무늬를 나타나게 했지요.

　프래니 후보가 메리의 속마음이 무엇인지를 알아내는 동안, 프래니는 가죽 안에서 잠자코 듣고 있었어요.
　프래니는 **프래니 후보**와 연결되어 있어서 서로의 마음을 느낄 수 있었어요. 그 덕분에 메리가 듣고 싶어 하는 말이 무엇인지 정확하게 알아차렸어요.

"프래니를 뽑으면 인형을 갖고 놀 시간이 더 늘어날 거야."

프래니를 대신해 **프래니 후보**가 말하자, 메리는 손뼉을 치며 좋아했어요.

프래니는 그 얘기를 수첩에 적어 두었어요. 반장으로 뽑히면 약속을 지켜야 하니까요.

 프래니는 **프래니 후보** 가죽을 입고 교실을 돌아다녔어요. 농구를 좋아하는 아이 앞으로 가자 가죽은 운동복을 입은 키가 큰 농구 선수 모습으로 변했어요.
 그다음에는 요리사로, 할머니로, 멋진 영웅으로, 심지어는 꼬마 요정으로까지 변했답니다. 아이들이 무엇을 원하는가에 따라 목소리뿐 아니라 몸집과 걸음걸이까지 바뀌었어요.

프래니 후보 덕분에 프래니에게는 아이들이 저마다 무슨 말을 듣고 싶어 하는지 알아내는 능력이 생겼어요. 그래서 아이들마다 다른 얘기를 나누었답니다.

그렇지만 때로는 말이 한마디도 하기 싫을 때가 있었어요. 그럴 때면 **프래니 후보**가 혼자서 아이들과 얘기를 나누었어요. 비록 뇌는 크지 않았지만, 아이들이 좋아하는 얘기를 주고받는 데에 그리 깊이 생각할 필요는 없었던 거예요.

프래니는 느긋하고 편안한 자세로 앉아서 **프래니 후보**가 움직이는 대로 다녔어요. 그리고 아이들 하나하나와 빠짐없이 얘기를 나눈 다음, 자리에 앉았지요.

"프래니를 반장으로! **프래니 후보를 반장으로!**"

아이들이 입을 모아 소리쳤어요. 심지어는 다른 후보 아이들까지도 환호성을 질러 대지 뭐예요.

셀리 선생님은 어리둥절한 표정을 지었어요. 하지만 이미 결론은 내려진 거나 다름없었지요.

"굳이 투표할 필요가 없을 것 같네요. 프래니가 친구들의 뜨거운 지지로 우리 반 반장이 됐어요."

그 소리를 듣자 가죽 안은 가벼운 전기 충격을 받은 것처럼 찌르르 떨렸어요. **프래니 후보**는 그 느낌을 좋아했고, 프래니도 마찬가지였답니다.

프래니는 반장으로서 친구들에게 약속한 많은 일들을 모두 지킬 방법을 찾아야 했어요. 하지만 프래니는 천재였고, 맡은 일을 잘 해낼 자신이 있었지요.

내친김에 더 나아가 볼까

프래니는 몹시 기뻤어요. 그래서 집으로 돌아가는 길에도 가죽을 뒤집어쓰고 있었죠. 가죽은 사람들과 마주칠 때마다 사람들이 바라는 걸 알아차리고는 조금씩 모습을 바꾸었답니다.

 집에 돌아온 프래니는 거울을 들여다보았어요. 프래니가 느끼는 마음을 눈치챈 **프래니 후보**는 꿈틀꿈틀 모습을 바꾸었어요.
 거울에 비친 프래니의 모습은 반장 선거에서 이긴 꼬마가 아니었어요. 프래니는 정치 지도자의 모습을 하고 있었어요. 바로 한 나라의 대통령 말이에요.

대통령을 생각하는 순간, **프래니 후보** 가죽 안은 다시 한번 전기에 감전된 것처럼 찌르르 떨렸어요. 그 느낌이 좋아 프래니는 싱긋 웃음을 지었답니다.

"안 될 게 뭐가 있어? 대통령으로 뽑아만 준다면, 내 천재성을 발휘해서 국민들이 바라는 대로 위대한 일을 해낼 수 있다고. 게다가 투표로 나를 뽑아 준 거니까 세상을 억지로 손아귀에 틀어쥐는 것과는 다르잖아. 내가 점령한 게 아니라 국민들이 나를 선택한 거야."
프래니가 자신만만하게 말했어요.

프래니는 **프래니 후보** 가죽을 벗었어요. 그런데 지퍼가 물려서 잘 벗겨지지 않았지요.

프래니는 가죽을 반쯤 걸친 채 말했어요.

"지퍼는 나중에 손봐야겠어. 이고르, 내 위성 교란 장치를 준비하도록 해."

이고르는 하늘을 향해 위성 장치를 겨누었어요.

본다, 본다, 너를 본다

이고르가 텔레비전 위성 교란 장치를 사용할 줄 안다는 걸 프래니는 눈치채고 있었어요. 한번은 이고르가 연구실 문을 걸어 잠근 채 전 세계 텔레비전 방송을 모두 **동글이 아줌마**의 이야기 시간으로 맞춘 적이 있었거든요. 자기가 가장 좋아하는 방송이라서, 온 세상 사람들이 다 함께 좋아하도록 만들고 싶었던 것이랍니다.

　프래니는 지난달에 다른 사람들의 모습을 텔레비전 화면을 통해 전송 받는 방법을 알아냈어요. 간단하게 이름만 입력하면 텔레비전에 그 이름을 가진 사람의 모습이 나왔어요.

　프래니는 그렇게 보는 방송을 **너를 본다**라고 불렀어요. 사람들이 팬티만 입은 채 돌아다니는 모습을 보며 낄낄거린 일도 있었답니다. 하지만 이걸 정말로 써먹을 생각은 해 보지 않았어요. 아직까지는 말이죠.

프래니는 이고르에게 자기가 세운 계획을 차근차근 설명했어요.

"너는 위성을 제자리에 고정시켜 놓기만 하면 돼. 기메라는 가죽을 입은 나한테 맞추고 말이야."

프래니는 가죽을 추슬러 입으며 또박또박 말했어요.

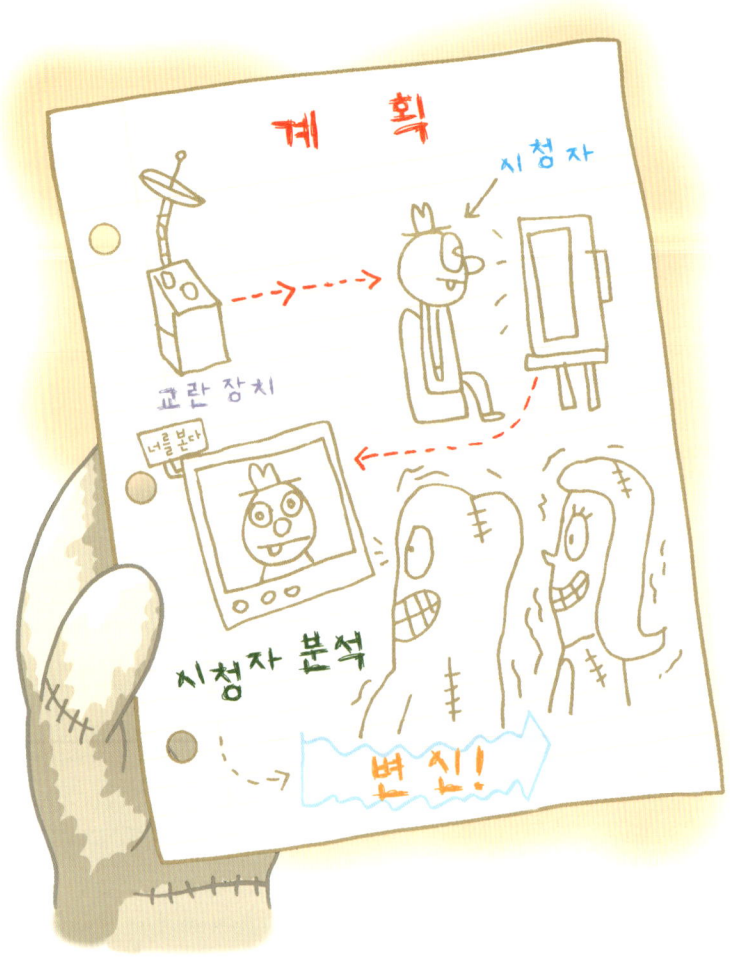

"저 장치가 온 나라에 있는 텔레비전을 모두 같은 화면으로 작동시킬 거야. 그러면 **너를 본다** 방송이 화면 앞에 있는 사람들의 모습을 우리한테 보내 주겠지. 그럼 **프래니 후보**는 그 사람들이 바라는 걸 알아내서 모습을 바꿀 거야. 나한테 필요한 말은 딱 이런 거야. '프래니 케이 스타인을 대통령으로!'"

그런데 이고르는 마음이 편치 않아 보였어요. 프래니는 **프래니 후보**의 도움으로 이고르가 무엇을 걱정하는지 알아챘어요.

"이건 세상을 점령하는 따위의 일이랑은 달라. 유권자는 모두 자유롭게 선택해서 나를 뽑을 테니까. 내가 힘으로 밀어붙이거나 억지로 나를 뽑으라고 시키는 게 아니라고. 그냥 사람들이 선택하게 할 거란 말이야."

이고르는 고개를 끄덕였어요. 그제야 이해가 됐거든요.

"난 대통령이 되면 정말 착한 일만 할 거야."

이고르는 다시 고개를 끄덕였어요.

"자, 여기를 봐."

프래니가 기계 장치를 가리키며 말했어요.

"이 장치가 사람들의 숫자를 자동으로 계산할 거야. 이 지지도 눈금계를 보면 우리 편으로 넘어온 유권자가 몇 명이나 되는지 바로바로 알 수 있어."

이고르가 시계를 봤어요.

"프래니 후보가 빨리 움직일 테니까 시간은 걱정하지 않아도 돼. 게다가 내 계산에 따르면 시시도가 높이 올라가면 올라갈수록 가죽이 하는 일은 점점 더 쉬워질 거야."

이고르는 다른 쪽에서 프래니 후보를 찍고 있는 2번 카메라를 가리켰어요.

"아, 그래. 너도 짐작할지 모르겠지만, 이 카메라까지 있으면 일을 두 배나 빨리 처리할 수 있어. 잘 봐."

프래니 후보 가죽이 꿈틀꿈틀 움직이는가 싶더니, 이고르의 눈앞에서 머리를 뚫고 또 하나의 얼굴이 불쑥 솟아 나왔어요.

프래니가 가죽 안에서 말했어요.

"알겠니? 우린 카메라 두 대를 한꺼번에 쓸 거야. 정말 대단하지? 얼굴이 두 개가 되다니 말이야!"

가만히 누워서 천 리를 본다네

카메라와 모니터가 윙윙 소리를 냈어요. 사람들 모습이 화면에 나타나기 시작하자 **프래니 후보**는 그 사람들이 바라는 인상이 무엇인지 잽싸게 읽어 냈어요. 그러고는 얼른 얼굴을 바꾸었답니다.

프래니는 가죽 안에서 **프래니 후보**가 지닌 솜씨에 놀라고 있었어요. 가죽은 정육점 주인, 빵 굽는 사람, 촛대 만드는 사람들로 변신을 거듭했어요. 때론 늙기도 하고 때론 젊기도 했지요. 남자로 변하기도 하고 여자로 변하기도 했답니다. 바꾸지 못하는 모습은 하나도 없었죠.

프래니는 **프래니 후보**가 느끼는 마음을 함께 느낄 수 있었어요.

"프래니를 대통령으로."

프래니가 말했어요. 그러자 그 말은 각기 다른 억양과 다른 언어, 헤아릴 수 없이 다양한 목소리로 변해서 동시에 터져 나왔어요.

그 소리에는 사람들의 마음을 잡아 끄는 힘이 있었어요. 지지도 눈금계의 눈금이 치솟았고, 그걸 보자 **프래니 후보**의 가죽 안은 또다시 찌르르 떨렸어요.

'얘는 정말로 자기를 지지해 주는 걸 좋아하는군.'

위성 장치 조절을 맡은 이고르는 자꾸만 걱정이 돼서 프래니를 힐끔거렸어요. **프래니 후보**는 이고르와 눈이 마주치면 **동글이 아줌마**로 모습을 바꿨어요. 덕분에 그때마다 이고르는 마음이 가라앉았지요.

이고르는 연구실에서 **동글이 아줌마**를 만나다니 정말 행복하다고 생각했어요. 마음속 깊은 곳에서는 진짜 **동글이 아줌마**가 아닌 걸 알고 있었지만요.

"저를 뽑아 주시면, 할머니들이 아프지 않도록 해 드리겠습니다."
프래니 후보가 어느 할머니에게 말했어요.
그때 문득 프래니는 이런 생각이 들었어요.
'그런데 내가 이 약속을 어떻게 지키지?'
"법으로 양배추를 먹지 못하게 하겠습니다. 그리고 여러분 모두에게 유니콘을 한 마리씩 드리겠습니다."
프래니 후보가 다른 사람에게 말했어요.

"잠깐만! 그런 약속은 못 지켜."

프래니가 소리쳤어요. 그렇지만 **프래니 후보**의 입에서 프래니의 목소리는 나오지 않았어요.

프래니 후보는 이제 프래니를 무시하고 제멋대로 지껄여 댔어요.

프래니는 가죽을 벗으려고 애썼지만, 지퍼는 어디론가 사라져 버리고 없었어요.

"꺼내 줘! 방송을 그만 멈춰!"

프래니가 큰 소리로 말했지만 목소리는 가죽을 뚫고 나가지 못했어요. 그보다 힘줄이 점점 더 갑갑하게 온몸을 조여 오는 느낌이 기분 나빴어요.

세상의 왕이 될 거야

"여러분은 모두 바라는 걸 갖게 될 것입니다! 믿지 않는 사람들은 모두 없애 버리겠습니다."
 프래니 후보가 주먹을 치켜들고 휘두르며 소리쳤어요. 마치 으르렁거리는 것 같았어요.

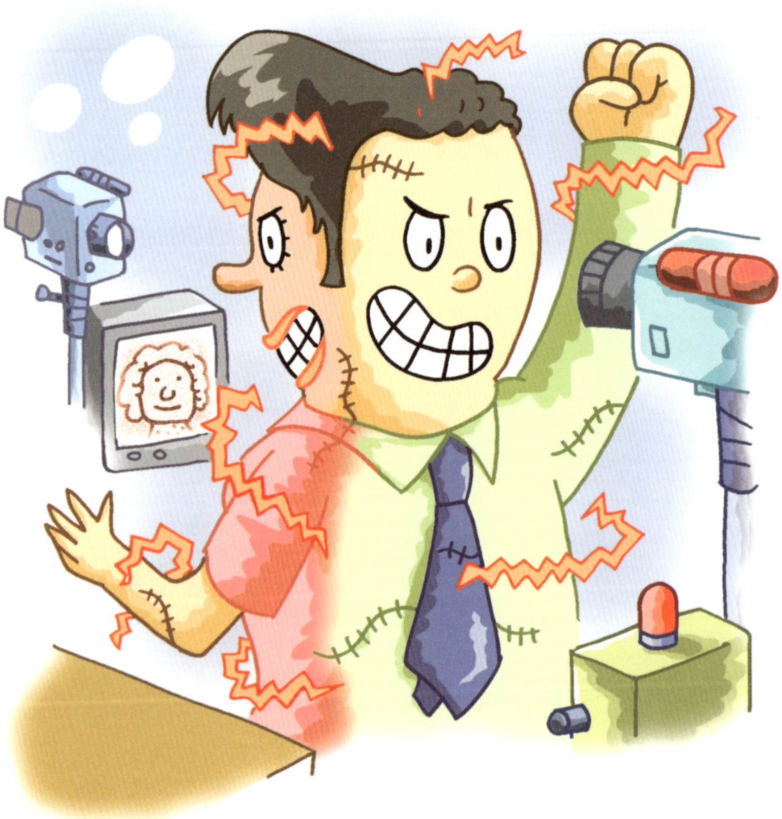

프래니는 가죽 안에서 어떻게든 벗어나려고 안간힘을 썼어요. 하지만 가죽은 프래니를 옥죄어 왔어요.
"이건 틀림없이 비단뱀 디엔에이(DNA) 때문일 거야."
프래니는 숨이 막혀서 헐떡거리며 중얼거렸어요.

프래니 후보는 두 눈이 점점 더 강렬하게 빛났어요.
"온 세상의 왕! 나를 온 세상의 왕으로 만들어 주면 여러분의 꿈이 이루어질 것이오!"

프래니는 가죽의 한쪽 눈을 통해 간신히 바깥을 내다볼 수 있었어요. 눈금계를 보니 엄청나게 많은 사람들이 프래니 후보를 믿고 있었어요. 그들은 모두 이 끔찍한 가죽 괴물에게 투표하려고 했어요. 이 녀석을 온 세상의 왕으로 만들 태세였지요.

프래니는 아직도 **프래니 후보**의 마음과 연결되어 있었어서 느낄 수 있었어요.

가죽 괴물은 자기 행동을 밈출 마음이 전혀 없었어요. 하고 싶은 말과 하고 싶은 일이라면 뭐든지 다 할 기세였지요.

이러다간 **프래니 후보**가 온 세상을 멸망시킬 수도 있을 것 같았어요.

프래니는 점점 정신이 희미해지는 것 같았어요. 머리는 어지럽고 숨쉬기도 힘들었지요. 이제 프래니는 자기가 가죽을 뒤집어쓴 게 아니라는 걸 알게 됐어요. 가죽 괴물이 프래니를 집어삼켰다는 걸 알아차렸어요. 아니, 잡아먹힌 거나 다름없었죠.

어서 나를 구해 줘!

가죽 괴물은 사람들의 지지를 얻기 위해 수단과 방법을 가리지 않고 떠벌렸어요.

"나는 여러분을 철저하게 보호하겠소. 나쁜 녀석들은 모조리 없애 주겠단 말이오."

녀석이 큰소리를 떵떵 치자, 지지도 눈금계는 점점 더 높이 치솟았어요.

이고르는 문득 저렇게 말하는 사람이 프래니가 아니라는 걸 강하게 느꼈어요.

이고르는 프래니 후보를 쳐다봤어요. 그러자 프래니 후보는 다시 동글이 아줌마로 변했어요. 그렇지만 이번만큼은 이고르의 마음이 가라앉지 않았어요.

이고르는 뭔가 이상하다는 걸 알아차렸어요. 개들은 원래 이상한 느낌을 잘 알아차리잖아요.

이고르는 자기가 해야 할 일이 무엇인지 알았어요.

프래니가 안에 있기 때문에 공격할 수는 없으니까 카메라를 꺼야겠다고 생각했어요. 그런데 그 생각을 하자마자 **프래니 후보**가 눈치를 채고 긴 촉수를 뻗어서 이고르를 의자에 꽁꽁 묶어 버렸어요. 그리고 기계 장치도 스스로 조종했어요.

이고르는 문득 얼마 전, 의자에 구멍이 뚫렸을 때 혼나지 않았던 일이 떠올랐어요. 어쩌면, 정말로 어쩌면 이번에도 효과가 있을 것 같았어요. 이고르는 그렇게 되기를 빌며 **프래니 후보**가 가로막기 전에 재빨리 행동을 시작했어요.

 이고르가 위성 교란 장치의 스위치 몇 개를 두드리자, 기계는 아주 특별한 텔레비전을 재빨리 추적했어요.
 수선화 길 끝에 자리하고, 귀여운 자줏빛 덧창들이 달린 예쁜 분홍색 집에 있는 텔레비전을 추적한 거예요.

너를 본다 방송 화면에 프래니네 엄마의 모습이 나오도록 했어요.
　프래니 후보는 프래니 엄마의 크고 정직한 눈을 들여다보았어요. 그러고는 엄마가 바라는 게 무엇인지 정확하게 알아차렸답니다.

프래니 후보는 씰룩씰룩 몸을 움직이며 땀을 뻘뻘 흘렸어요.

이고르는 다른 스위치 몇 개를 더 눌러서 그 화면을 전 세계의 모든 텔레비전으로 흘려 보냈어요.

가죽 괴물이 더듬더듬 입을 열었어요. 이번에는 가죽 괴물도 달리 어쩔 도리가 없었답니다.

"저기, 저는, 그냥 시청자들이 듣고 싶어 하는 말이라면 무슨 말이든 합니다."

프래니 후보가 부끄러운 듯이 두 눈을 내리깔고 조용하게 말했어요.

그 순간 가죽 괴물의 힘줄이 느슨하게 풀려 프래니는 그제야 숨을 쉴 수 있었어요. 괴물은 이고르를 묶고 있던 촉수도 거둬들였죠.

"제가 했던 약속은 지킬 수 없는 것들입니다. 그리고 저한테 투표한 분들을 잘 돌봐 드릴 방법도 없습니다. 대통령으로 뽑힌다면, 그저 제가 하고 싶은 대로 할 생각이었습니다."

가죽 괴물이 숨을 헐떡이며 말했어요.

가죽 괴물은 원래 모습인 바느질로 꿰매서 만든 가죽옷으로 변하기 시작했어요. 그러자 지지도 눈금계의 바늘도 내려가기 시작했죠.

"저는 속이 텅 빈 녀석이에요. 조각조각 꿰매서 만들어진 가죽옷일 뿐이죠."

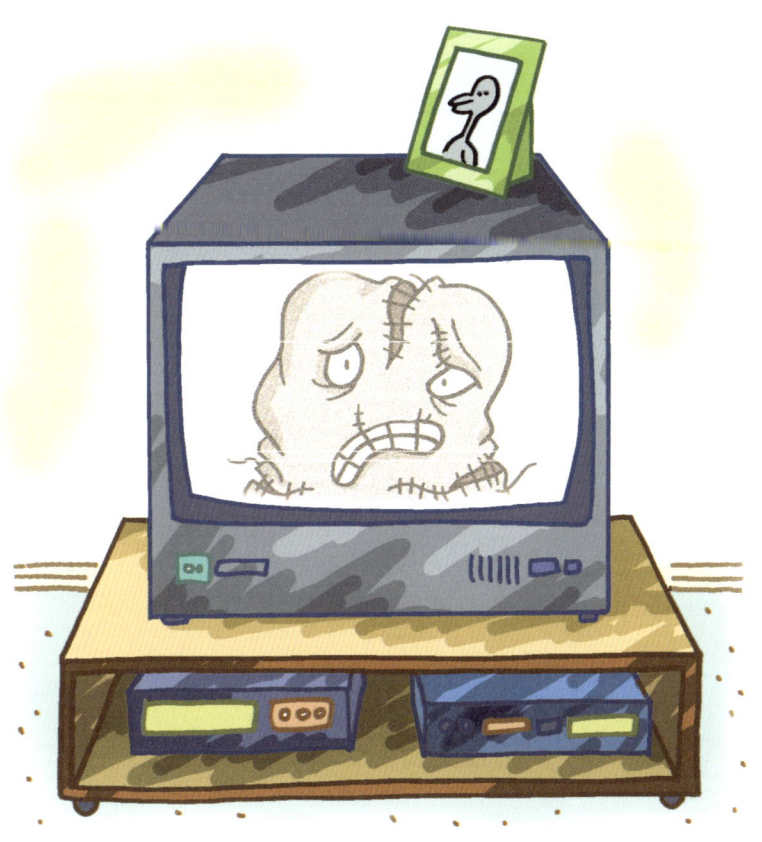

 텔레비전 앞에 앉아 있던 온 세상 사람들은 두 눈을 끔벅거리며 의아해했어요. 무엇보다 자기들이 **프래니 후보**를 좋아했다는 사실이 믿기지 않았답니다.
 "저는 아무것도 아닙니다."
 마침내 녀석이 인정했어요.
 프래니 엄마가 바라는 건 진실이었고, **프래니 후보**가 들려준 것도 진실이었어요.

이고르는 방송을 껐어요. 프래니가 숨찬 얼굴로 가죽을 찢고 나왔어요. 진실이 프래니를 구해 준 거예요. 진실이 프래니를 자유롭게 해 주었답니다.

"저건 걸레로나 만들어 버리든지 해야겠어."

프래니는 잔뜩 화가 나서 헐렁해진 **프래니 후보** 가죽을 발로 걷어차며 말했어요.

정치가 적성에 안 맞았을 뿐이야

며칠 뒤, 프래니와 엄마는 나란히 식탁 앞에 앉았어요. 신문 앞면에는 온통 새 대통령에 대한 기사로 가득했어요.

"엄마, 사람들이 제가 만든 **프래니 후보**한테 투표하지 않은 건 진짜 다행이에요, 그렇죠?"

프래니는 하마터면 자기가 온 세상을 파괴할 뻔했다는 걸 알았고, 그걸 생각하면 좀 멋쩍었어요.

"다행이고말고. 하마터면 그 녀석이 뽑힐 뻔했잖니."
엄마가 말했어요.
"엄마, 근데 이상한 일이 한 가지 있어요. 지지도 눈금계가 완전히 바닥으로 떨어지지 않았거든요. 끝까지 **프래니 후보**를 버리지 않은 사람이 있나 봐요."

"프래니, 그 사람이 바로 엄마야. 엄마도 처음에는 그 끔찍한 녀석한테 투표할 마음이 전혀 없었단다. 그런데 나중에 보니 녀석이 적어도 진실을 말한다는 게 예쁘더구나. 진실을 얘기할 줄 아는 사람은 정말 나쁜 짓은 못하거든."

"그 말씀을 들으니까 기분이 좋아요, 엄마."

프래니가 싱긋 웃으며 말했어요.

프래니는 엄마한테 거실로 가서 의자에 앉아 보라고 했어요.

"어머! 새 의자네. 프래니, 네가 고쳐 놨구나!"

연한 초록색 바탕에 밝은 갈색 줄무늬가 들어간 멋진 의자였어요. 엄마 마음에 쏙 드는 의자였답니다.

의자는 엄마의 마음을 알아차렸어요.

그리고 의자의 다른 한쪽 끝에는 이고르가 앉아 있었어요. 개뼈다귀 무늬와 인상 좋은 **동글이 아줌마**의 조그만 얼굴들에 둘러싸인 채 말이에요.

이고르는 이제 자기가 좋아하는 걸 다른 사람들도 좋아할 필요는 없다고 여겼어요. 혼자만 좋아하더라도 만족스러우니까요.

새 의자는 정말이지 어디든 잘 어울렸어요.

프래니네 엄마는 행복했어요. 그리고 이고르도 행복했답니다. 의자는 두 사람의 마음을 알았어요. 그래서 의자도 행복했어요. **프래니 후보**였을 때보다 훨씬 더 행복했지요.

 프래니는 자기가 만든 **프래니 후보** 가죽이 나빴다기보다, 그저 대통령이 적성에 안 맞았을 뿐이었다는 걸 알게 되었어요.

 그리고 조그만 뇌를 가진 **프래니 후보**도 마음 깊은 곳에서는 그걸 알고 있었답니다. 녀석은 이제 더 이상 논쟁하는 사람들한테는 마음이 끌리지 않았거든요.

 이제 **프래니 후보**는 식구들이 앉아 있는 그 자리가 마음에 쏙 들었답니다.

추천의 말

세상의 모든 아이들이 프래니가 되길 꿈꾸며…

짐 벤튼의 이야기와 만화는 세련되고 유머스러우며 독자들을 즐겁게 하는 재치가 묻어 있다. 그는 '엽기 과학자 프래니' 시리즈를 통해 그의 만화와 이야기가 어린이들에게도 매력적일 수 있다는 사실을 유감없이 보여 주었다.

이 책의 주인공 프래니는 볼수록 매력적인 소녀다. 인형이나 꽃 대신 박쥐와 거미를 좋아하고, 과학에 반쯤 미쳐 있으며, 머리가 둘 달린 로봇과도 용감하게 싸우는 프래니를 보고 있으면, 입가에 미소가 절로 밴다. 악동 같은 눈망울과 장난기어린 미소의 이 엽기적인 꼬마 과학도가 친구들과 친해지기 위해 벌이는 좌충우돌 사건들을 보면서, 우리 아이들도 '우정'을 배우고, '상상력'을 키우며, '차이'를 인정하는 성숙한 청소년으로 자라게 되기를 바란다.

세상의 모든 어린이는 '타고난 과학자'다. 직접 만져 보거나 먹어 보지 않으면 안달하고, 마음대로 부수고 해부해 봐야 직성이 풀리는 엽기적인 실험 과학자. 나를 둘러싼 모든 것이 궁금하고,

　세상의 어떤 선입견으로부터도 자유로운 아마추어 과학자가 바로 아이들인 것이다. 돌이켜 보라. 우리들도 예전엔 조금씩 프래니가 아니었던가! 우리도 얼마나 프래니처럼 '엽기적인 방'과 '나만의 도시락'을 갖고 싶어했던가!

　부디 세상의 모든 꼬마 과학자들이 그 왕성한 호기심과 놀라운 상상력을 잃지 말고, 훌륭한 과학자로 성장해 주길. 특히 상상력으로 가득 찬 '세상의 모든 아이들'이 엽기적이어도 좋으니 프래니처럼 창조적인 과학자가 되어 주길 간절히 바란다.

　우리 아이를 남들과 다르게 키우고 싶다면, 이 책을 펼쳐 보시길. 책장을 넘길 때마다 날마다 조금씩 성장하는 아이를 보게 될 것이다.

정재승 (KAIST 바이오시스템학과 교수, 『정재승의 과학콘서트』 저자)

옮긴이의 말

재미있게, 열심히, 미친 듯이 매달리는 친구 프래니

　엽기 과학자 프래니 이야기를 우리말로 옮기면서 저는 이따금 어렸을 때를 떠올렸어요. 한동안 제 꿈도 과학자가 되는 거였거든요. 과학자가 되기 위해서 어떤 공부를 얼마나 해야 하는지는 중요하지 않았죠. 그저 거품이 이는 화학 약품을 부글부글 끓이는 알코올램프라든지, 알록달록한 액체가 든 비커며 시험관 따위가 어지럽게 들어찬 실험실이 갖고 싶었어요. 그런 실험실만 있다면 뭐든지 만들어 낼 것만 같았답니다.

　하지만 실험실이 없다고 해서 과학자가 못 되는 건 아니지요. 실험실은 없었지만 어느 날 동생과 함께 비행기를 만들기 시작했거든요. 멀리 떨어진 큰집까지 비행기를 타고 눈 깜짝할 사이에 날아가는 상상만 해도 신이 났으니까요.

　그래서 비행기를 만들었냐고요? 못 만들었어요. 아니 만들다가 그만두었죠. 푹신한 비행기 의자부터 만들려고 푹신한 풀을 베다가 지쳐서 잠이 들어 버렸거든요. 잠에서 깬 다음에는 다른 일에 마음을 빼앗기는 바람에 그만 비행기를 까맣게 잊고 말았어요.

　그런데 프래니는 한번 만들려고 생각하면 절대로 잊는 법이 없는 친구더군요. 프래니가 훌륭한 실험실을 가지고 있기 때문

에 발명을 성공시키는 것 같지는 않아요. 그보다는 머릿속에 떠오르는 생각이 멋진 발명품으로 태어날 때까지 재미있게, 열심히, 미친 듯이 매달리는 친구죠. 그래서 엽기 과학자라고 불리는지 모르겠지만 말이에요.

알고 보면 우리들 마음속에는 누구나 프래니 같은 엽기 과학자가 숨어 있답니다. 여러분 마음을 잘 들여다보세요. 이 세상에는 없는, 앞으로도 없을지도 모르는 재미있는 발명품을 만들고 싶어서 눈을 반짝반짝 빛내는 프래니가 틀림없이 있을 거예요.

이 책은 바로 여러분과 여러분 마음속에 있는 그 특별한 과학자를 만나게 해 주는 통로랍니다. 프래니는 멀리 떨어진 나라에 살고 있는 낯선 어린이가 아니라 바로 여러분 자신이죠. 프래니가 책 속에서 만들어 내는 발명품은 바로 여러분이 만들어 내는 것이고요.

잊지 마세요. 여러분은 프래니처럼 엉뚱하지만 귀엽고, 못 만들 게 없는 엽기 과학자라는 사실을요.

옮긴이 **박수현**

엽기 과학자 프래니

박쥐와 거미를 좋아하고, 엽기적인 발명품을 만들어 내는
엽기 과학자 프래니의 좌충우돌 발명, 모험, 우정, 성장 이야기!

글·그림 짐 벤튼 | 옮김 박수현 외   값 각 권 12,000~13,000원

★ 뉴욕타임즈 베스트셀러 작가   ★ 국제독서학회, 미국 아동 권장 도서   ★ 골든덕 과학도서상 수상

 01 거대한 도시락 괴물

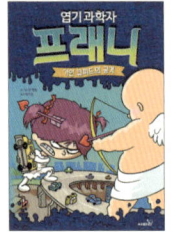 02 거인 큐피드의 공격

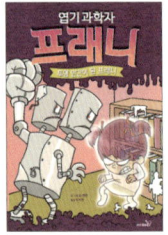 03 투명 인간이 된 프래니

 04 타임머신 타고 시간 여행

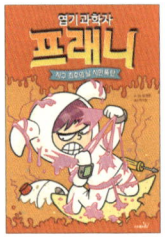 05 지구 최후의 날 시한폭탄

 06 복제 로봇과 프래니의 대결

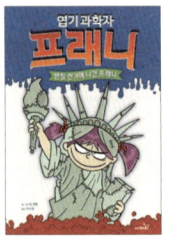 07 반장 선거에 나간 프래니

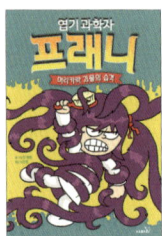 08 머리카락 괴물의 습격

 09 재앙을 부르는 악마의 머핀

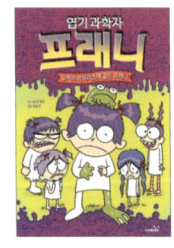 10 두꺼비 바이러스에 걸린 프래니

상상력과 창의력을 쑥쑥 길러 주는

엽기 과학자 프래니 게임북

프래니가 알려 주는 '프래니처럼 머리 좋아지는 비결' 대공개!
다양한 활동을 통해 과학 탐구력과 창의력, 집중력과 관찰력을 키워 보세요.

글·그림 짐 벤튼 | 값 각 권 8,000원

01 엽기 실험 따라잡기

상상을 초월하는 엽기 과학 실험, 화학식 퍼즐, 어휘력을 키우는 활동들과 깜찍한 캐릭터 카드가 담겨 있어요.

02 괴물 발명 따라잡기

오싹오싹 소름 돋는 괴물도 만들고, 머리가 좋아지는 암호도 풀고, 창의력을 키워 주는 이야기도 만들어 보세요.

03 괴짜 과학 따라잡기

프래니의 친구라면 꼭 도전해 보고 싶은 프래니 독서왕퀴즈를 풀어 보고 사랑스런 괴물 카드도 모으세요.

04 엉뚱 상상 따라잡기

어지러운 미로도 찾고, 난센스 퀴즈로 재치도 키우세요. 과학자에게 꼭 필요한 깜짝 실험 장치 카드도 들어 있어요.